大方廣佛華嚴經 讀誦

41

🪷 일러두기

1. 『독송본 한문·한글역 대방광불화엄경』은 실차난타가 한역(695~699)한 80권 『대방광불화엄경』의 한문 원문과 한글역을 함께 수록한 것이다. 한문에는 음사와 현토를 부기하였다.

2. 원문의 저본은 고종 2년(1865) 월정사에서 인경한 고려대장경 『대방광불화엄경』에 한암 스님이 현토(1949년)한 것을 범룡 스님이 영인 출판(1990년)한 『대방광불화엄경』이다.

3. 한문은 저본에서 누락되었거나 글자가 다르다고 판단된 부분은 저본인 고려대장경 각권의 말미에 교감되어 있는 내용을 중심으로 하고 봉은사판 『대방광불화엄경수소연의초』와 신수대장경 각주에서 밝힌 교감본을 참조하여 보입하고 수정하였다.

4. 한글 번역은 동국역경원에서 발간한 한글 『대방광불화엄경』(운허)을 중심으로 하고 『신화엄경합론』(탄허)과 『대방광불화엄경 강설』(여천무비) 그리고 최근의 여타 번역본 등을 참조하였다.

5. 저본의 원문에서 이체자의 경우 훈글이 제공하는 이체자는 그대로 살리고 훈글이 제공하지 않는 글자는 통용되는 정자로 바꾸었다. 예) 間 → 閒 / 焰 → 燄 / 宫 → 宮 / 偁 → 稱

6. 한글 번역은 독송과 사경을 위하여 정확성과 아울러 가독성을 고려하였다. 극존칭은 부처님과 불경계에 대해서만 사용하였다.

7. 독송본의 차례는 일러두기 → 본문 → 화엄경 목차 → 간행사의 순차이다.
   (법공양판에는 간행사 다음에 간행불사 동참자를 밝혀 두었다.)

8. 독송본의 한글역은 사경의 편의를 도모하기 위해 그 편집을 달리하여 『사경본 한글역 대방광불화엄경』으로 함께 간행한다. 독송본과 사경본 모두 80권 『대방광불화엄경』의 권별 목차 순으로 간행한다.

독송본 한문·한글역

대방광불화엄경 제41권
大方廣佛華嚴經 卷第四十一

27. 십정품 [2]
十定品 第二十七之二

실차난타 한역
수미해주 한글역

㊶

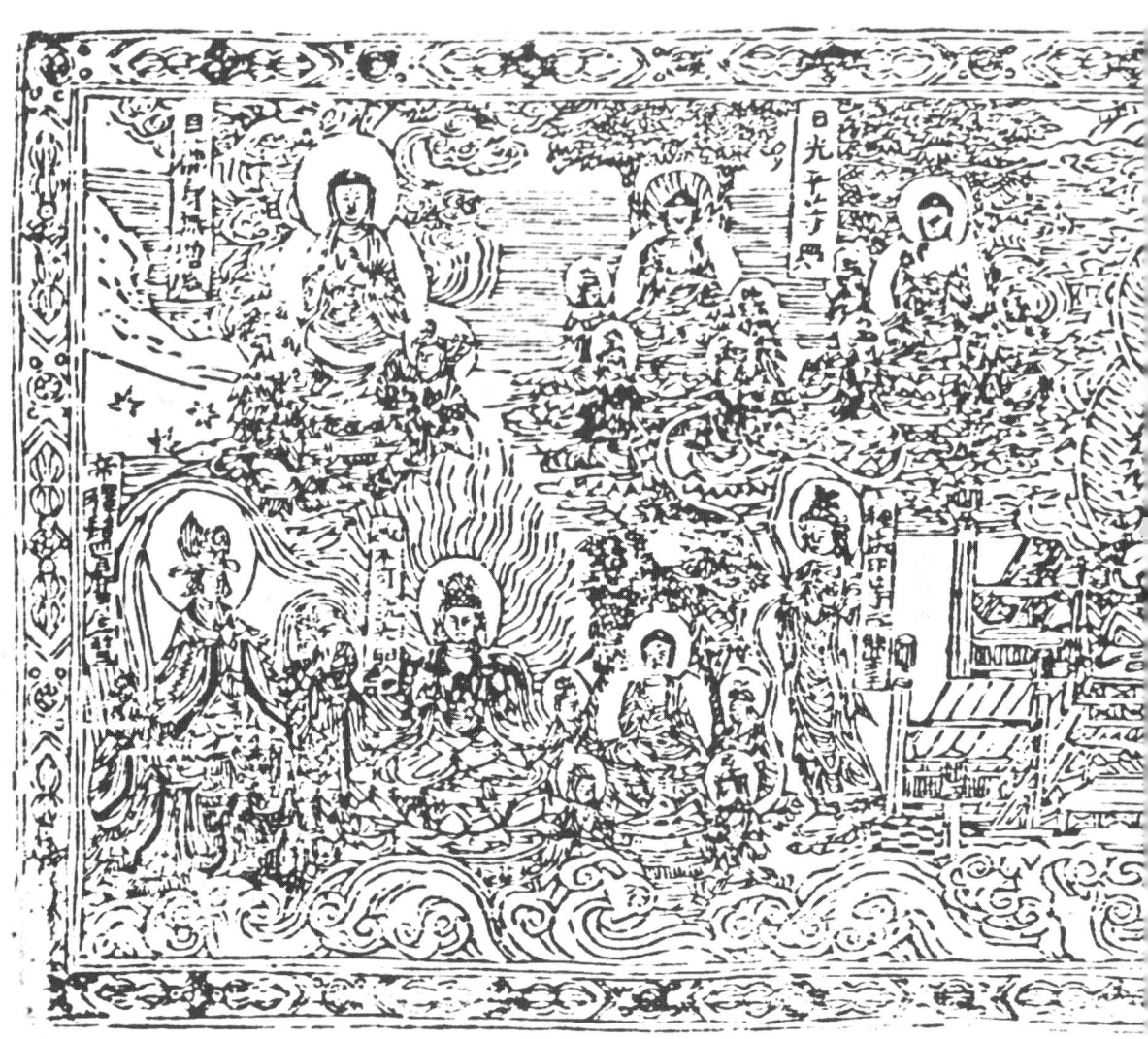

대방광불화엄경 제41권 변상도

대방광불화엄경
제41권

27. 십정품 [2]

대방광불화엄경 권제사십일
大方廣佛華嚴經 卷第四十一

십정품 제이십칠지이
十定品 第二十七之二

불자 운하위보살마하살 차제변왕제불
佛子야 **云何爲菩薩摩訶薩**의 **次第徧往諸佛**

국토신통삼매
國土神通三昧오

불자 차보살마하살 과어동방무수세계
佛子야 **此菩薩摩訶薩**이 **過於東方無數世界**하며

부과이소세계미진수세계 어피제세계중
復過爾所世界微塵數世界하야 **於彼諸世界中**에

대방광불화엄경 제41권

27. 십정품 [2]

"불자들이여, 무엇을 보살마하살의 모든 부처님 국토에 차례로 두루 가는 신통한 삼매라 하는가?

불자들이여, 이 보살마하살이 동방으로 수없는 세계를 지나가고 다시 그러한 세계의 미세한 티끌 수 세계를 지나가며 그 모든 세계에서

입차삼매
入此三昧하니라

혹찰나입 혹수유입 혹상속입 혹일
或刹那入하며 或須臾入하며 或相續入하며 或日

초분시입   혹일중분시입   혹일후분시
初分時入하며 或日中分時入하며 或日後分時

입   혹야초분시입   혹야중분시입   혹
入하며 或夜初分時入하며 或夜中分時入하며 或

야후분시입
夜後分時入하니라

혹일일입   혹오일입   혹반월입   혹일월
或一日入하며 或五日入하며 或半月入하며 或一月

입   혹일년입   혹백년입   혹천년입
入하며 或一年入하며 或百年入하며 或千年入하며

혹백천년입   혹억년입   혹백천억년입
或百千年入하며 或億年入하며 或百千億年入하며

이 삼매에 들어간다.

 혹은 찰나에 들며, 혹은 잠깐 동안에 들며, 혹은 계속하여 들며, 혹은 아침나절에 들며, 혹은 점심나절에 들며, 혹은 저녁나절에 들며, 혹은 초저녁에 들며, 혹은 한밤중에 들며, 혹은 새벽녘에 들기도 한다.

 혹은 하루 동안 들며, 혹은 닷새 동안 들며, 혹은 반 달 동안 들며, 혹은 한 달 동안 들며, 혹은 일 년 동안 들며, 혹은 백 년 동안 들며, 혹은 천 년 동안 들며, 혹은 백천 년 동안 들며, 혹은 억 년 동안 들며, 혹은 백천억 년 동안 들며, 혹은 백천 나유타억 년 동안 들기도

혹백천나유타억년입
或百千那由他億年入하나라

혹일겁입 　혹백겁입　 혹백천겁입　 혹
或一劫入하며 或百劫入하며 或百千劫入하며 或

백천나유타억겁입　 혹무수겁입　 혹무
百千那由他億劫入하며 或無數劫入하며 或無

량겁입　 혹무변겁입　 혹무등겁입　 혹
量劫入하며 或無邊劫入하며 或無等劫入하며 或

불가수겁입
不可數劫入하나라

혹불가칭겁입　 혹불가사겁입　 혹불가
或不可稱劫入하며 或不可思劫入하며 或不可

량겁입　 혹불가설겁입　 혹불가설불가
量劫入하며 或不可說劫入하며 或不可說不可

설겁입
說劫入하나라

한다.

 혹은 한 겁 동안 들며, 혹은 백 겁 동안 들며, 혹은 백천 겁 동안 들며, 혹은 백천 나유타억 겁 동안 들며, 혹은 수없는 겁 동안 들며, 혹은 한량없는 겁 동안 들며, 혹은 가없는 겁 동안 들며, 혹은 같음이 없는 겁 동안 들며, 혹은 셀 수 없는 겁 동안 든다.

 혹은 일컬을 수 없는 겁 동안 들며, 혹은 생각할 수 없는 겁 동안 들며, 혹은 헤아릴 수 없는 겁 동안 들며, 혹은 말할 수 없는 겁 동안 들며, 혹은 말할 수 없이 말할 수 없는 겁 동안 들기도 한다.

약구약근　　약법약시　　종종부동　　보살
若久若近과　若法若時가　種種不同호대　菩薩이

어피　　불생분별　　심무염착　　부작이
於彼에　不生分別하며　心無染著하야　不作二하고

부작불이　　부작보　　부작별
不作不二하며　不作普하고　不作別하나니라

수리차분별　　이이신통방편　　종삼매기
雖離此分別이나　而以神通方便으로　從三昧起하야

어일체법　　불망불실　　지어구경
於一切法에　不忘不失하야　至於究竟이니라

비여일천자　　주행조요　　주야부주
譬如日天子가　周行照曜하야　晝夜不住하나니

일출명주　　일몰명야　　주역불생　　야역불
日出名晝요　日沒名夜나　晝亦不生하며　夜亦不

오래됨이나 가까움과, 법이나 시간이 갖가지로 같지 않으나 보살이 그것에 분별을 내지 않는다. 마음이 물들거나 집착하지도 않으며, 둘이라 하지도 않고 둘이 아니라 하지도 않으며, 두루하다 하지도 않고 다르다 하지도 않는다.

　비록 이런 분별을 떠났으나 신통과 방편으로 삼매에서 일어나 일체 법을 잊지도 않고 잃지도 않아서 구경에 이른다.

　비유하면 해가 두루 돌면서 밝게 비추고 밤낮으로 머무르지 아니하니 해가 뜨면 낮이라 하고 해가 지면 밤이라 하지만 낮에도 또한 생

滅인달하야 菩薩摩訶薩이 於無數世界에 入神通

三昧하야 入三昧已에 明見爾所無數世界도 亦

復如是니라

佛子야 是爲菩薩摩訶薩의 第三次第徧往諸

佛國土神通大三昧善巧智니라

佛子야 云何爲菩薩摩訶薩의 淸淨深心行三

기지 않고 밤에도 또한 없어지지 않듯이, 보살마하살이 수없는 세계에서 신통삼매에 들며 삼매에 들고는 그러한 수없는 세계를 분명하게 보는 것도 또한 다시 이와 같다.

불자들이여, 이것이 보살마하살의 셋째 '모든 부처님 국토에 차례로 두루 가는 신통한 큰 삼매의 선교 지혜'이다.

불자들이여, 무엇을 보살마하살의 청정하고 깊은 마음의 행인 삼매라 하는가?

불자들이여, 이 보살마하살이 모든 부처님의

매
昧오

불자　　차보살마하살　　지제불신　수등중
佛子야 此菩薩摩訶薩이 知諸佛身이 數等衆

생　　견무량불　과아승지세계미진수
生하며 見無量佛이 過阿僧祇世界微塵數하니라

어피일일제여래소　이일체종종묘향　　이
於彼一一諸如來所에 以一切種種妙香으로 而

작공양　　이일체종종묘화　　이작공양
作供養하며 以一切種種妙華로 而作供養하며

이일체종종개　대여아승지불찰　이작공
以一切種種蓋의 大如阿僧祇佛刹로 而作供

양
養하니라

이초과일체세계　일체상묘장엄구　이작
以超過一切世界한 一切上妙莊嚴具로 而作

몸이 중생과 수효가 같음을 알며, 한량없는 부처님이 아승지 세계의 미세한 티끌 수보다 많음을 본다.

그 낱낱 모든 여래의 처소에서 일체 갖가지 미묘한 향으로 공양올리며, 일체 갖가지 미묘한 꽃으로 공양올리며, 크기가 아승지 부처님 세계와 같은 일체 갖가지 일산으로 공양올린다.

일체 세계를 초과하는 일체 가장 미묘한 장엄거리로 공양올리며, 일체 갖가지 보배를 흩어서 공양올리며, 일체 갖가지 장엄거리로 경행하는 곳을 장엄하여 공양올리며, 일체 수없는 가장 미묘한 마니보배창고로 공양올린다.

供養하며 散一切種種寶하야 而作供養하며 以一切種種莊嚴具로 莊嚴經行處하야 而作供養하며 以一切無數上妙摩尼寶藏으로 而作供養하나라

以佛神力所流出過諸天上味飮食으로 而作供養하며 一切佛刹種種上妙諸供養具를 能以神力으로 普皆攝取하야 而作供養하나라

於彼一一諸如來所에 恭敬尊重하야 頭頂禮敬하며 擧身布施하야 請問佛法하며 讚佛平等하며

부처님의 위신력으로 흘러나오는 바 모든 하늘을 초과하는 가장 맛있는 음식으로 공양올리며, 일체 부처님 세계의 갖가지 가장 미묘한 모든 공양거리를 능히 위신력으로 널리 모두 거두어들여 공양올린다.

그 낱낱 모든 여래의 처소에서 공경하고 존중하여 머리 숙여 예경하고 온몸으로 보시하며, 부처님의 법을 묻고 부처님의 평등을 찬탄하며, 모든 부처님의 광대한 공덕을 칭송하여 드날린다.

모든 부처님께서 들어가신 대비에 들어가며, 부처님의 평등하고 걸림 없는 힘을 얻어, 한 생각 사이에 일체 부처님 처소에서 미묘한 법

칭양제불광대공덕
稱揚諸佛廣大功德하나니라

입어제불소입대비　　득불평등무애지력
入於諸佛所入大悲하며 得佛平等無礙之力하야

어일념경　일체불소　근구묘법
於一念頃에 一切佛所에 勤求妙法이니라

연어제불　출흥어세　입반열반　여시지
然於諸佛의 出興於世와 入般涅槃하는 如是之

상　개무소득
相에 皆無所得이니라

여산동심　요별소연　　심기　부지하소
如散動心으로 了別所緣호대 心起에 不知何所

연기　심멸　부지하소연멸
緣起며 心滅에 不知何所緣滅인달하니라

차보살마하살　역부여시　　종불분별여래
此菩薩摩訶薩도 亦復如是하야 終不分別如來

을 부지런히 구한다.

그러나 모든 부처님께서 세상에 출현하시고 열반에 드시는 이와 같은 모습은 모두 얻을 것이 없다.

마치 흩어지고 흔들리는 마음으로 대상을 요별하되 마음이 일어나도 무슨 인연으로 일어나는지 알지 못하며, 마음이 없어져도 무슨 인연으로 사라지는지 알지 못하는 것과 같다.

이 보살마하살도 또한 다시 이와 같아서 여래께서 세상에 출현하시고 열반하시는 모습을 마침내 분별하지 않는다.

출세　　급열반상
出世와 及涅槃相이니라

불자　여일중양염　부종운생　　부종지생
佛子야 如日中陽燄이 不從雲生이며 不從池生이며

불처어륙　　부주어수　　비유비무　　비선비
不處於陸이며 不住於水며 非有非無며 非善非

악　　비청비탁　　　불감음수　　불가예오　　비
惡이며 非淸非濁이며 不堪飮潄며 不可穢汙며 非

유체　비무체　　비유미　　비무미　　이인연
有體며 非無體며 非有味며 非無味로대 以因緣

고　이현수상　　위식소료　　원망사수
故로 而現水相이어든 爲識所了하야 遠望似水일새

이홍수상　　근지즉무　　수상자멸
而興水想이나 近之則無하야 水想自滅인달하니라

불자들이여, 마치 햇볕 가운데 아지랑이가 구름에서 생긴 것도 아니고 못에서 생긴 것도 아니며, 육지에 있는 것도 아니고 물에 머무르는 것도 아니며, 있는 것도 아니고 없는 것도 아니며, 착한 것도 아니고 악한 것도 아니며, 맑은 것도 아니고 흐린 것도 아니며, 마시거나 씻을 수도 없고 더럽힐 수도 없으며, 체가 있는 것도 아니고 체가 없는 것도 아니며, 맛이 있는 것도 아니고 맛이 없는 것도 아니나, 인연으로써 물의 모양이 나타나는데 의식으로 아는 것이며, 멀리서 보면 물과 비슷해서 물이라는 생각이 일어나지만 가까이 가면 곧 없어

차 보살마하살　　역부여시　　　부득여래출흥
此菩薩摩訶薩도 亦復如是하야 不得如來出興

어세　　급열반상　　　제불유상　　급이무상
於世와 及涅槃相이니 諸佛有相과 及以無相이

개시상심지소분별
皆是想心之所分別이니라

불자　　차삼매　　명위청정심심행　　　보살마
佛子야 此三昧가 名爲淸淨深心行이라 菩薩摩

하살　　어차삼매　　입이이기　　기이불실
訶薩이 於此三昧에 入已而起하며 起已不失하나니라

비여유인　　종수득오　　　억소몽사　　　교시
譬如有人이 從睡得寤하야 憶所夢事하면 覺時에

수무몽중경계　　이능억념　　심불망실
雖無夢中境界나 而能憶念하야 心不忘失인달하나니라

서 물이라는 생각이 저절로 없어지는 것과 같다.

 이 보살마하살도 또한 다시 이와 같아서 여래께서 세상에 출현하시고 열반하시는 모습을 얻을 수 없으니, 모든 부처님의 상이 있다거나 상이 없다라고 하는 것은 모두 생각하는 마음이 분별하는 것이다.

 불자들이여, 이 삼매가 이름이 '청정하고 깊은 마음의 행'이다. 보살마하살이 이 삼매에 들었다가 일어나며, 일어나서는 잃어버리지 아니한다.

 비유하면 어떤 사람이 잠에서 깨어나 꿈꾼 일을 기억하면 깨었을 때에 비록 꿈속의 경계

보살마하살　　역부여시　　　입어삼매　　　견
菩薩摩訶薩도 亦復如是하야 入於三昧하야 見

불문법　　종정이기　　억지불망　　이이차
佛聞法하고 從定而起에 憶持不忘하야 而以此

법　　개효일체도량중회　　장엄일체제불국
法으로 開曉一切道場衆會하며 莊嚴一切諸佛國

토
土하니라

무량의취　　실득명달　　　일체법문　　개역청
無量義趣가 悉得明達하며 一切法門이 皆亦清

정　　　연대지거　　　장제불종　　　무외구족
淨하며 然大智炬하며 長諸佛種하며 無畏具足하며

변재불갈　　개시연설심심법장
辯才不竭하야 開示演說甚深法藏하나니라

시위보살마하살　　　제사청정심심행대삼매
是爲菩薩摩訶薩의 第四清淨深心行大三昧

가 없으나 능히 기억하여 마음에 잊어버리지 않는 것과 같다.

보살마하살도 또한 다시 이와 같아서 삼매에 들어 부처님을 친견하여 법을 듣고는 정에서 일어남에 기억하여 지니고 잊지 아니하여, 이 법으로 일체 도량에 모인 대중들을 깨우쳐 주며 일체 모든 부처님의 국토를 장엄한다.

한량없는 이치를 모두 밝게 통달하며, 일체 법문이 모두 또한 청정하며, 큰 지혜의 횃불을 밝혀 모든 부처님의 종자를 자라게 하며, 두려움 없음을 구족하며, 변재가 다하지 아니하여 매우 깊은 법장을 열어 보이고 연설한다.

선교지
善巧智니라

불자 운하위보살마하살 지과거장엄장
佛子야 云何爲菩薩摩訶薩의 知過去莊嚴藏

삼매
三昧오

불자 차보살마하살 능지과거제불출
佛子야 此菩薩摩訶薩이 能知過去諸佛出

현
現하나니라

소위겁차제중제찰차제 찰차제중제겁차
所謂劫次第中諸刹次第와 刹次第中諸劫次

이것이 보살마하살의 넷째 '청정하고 깊은 마음의 행인 큰 삼매의 선교 지혜'이다.

불자들이여, 무엇을 보살마하살의 과거의 장엄장을 아는 삼매라 하는가?

불자들이여, 이 보살마하살이 과거의 모든 부처님께서 출현하심을 능히 안다.

이른바 겁의 차례 가운데 모든 세계의 차례와, 세계의 차례 가운데 모든 겁의 차례와, 겁의 차례 가운데 모든 부처님께서 출현하신 차례와, 부처님께서 출현하신 차례 가운데 법을

第와 劫次第中諸佛出現次第와 佛出現次第

中說法次第와 說法次第中諸心樂次第와 心

樂次第中諸根次第와 根次第中調伏次第와

調伏次第中諸佛壽命次第와 壽命次第中知

億那由他年歲數量次第니라

佛子야 此菩薩摩訶薩이 得如是無邊次第智

故로 則知過去諸佛하며 則知過去諸刹하며 則

설하신 차례와, 법을 설하신 차례 가운데 모든 마음이 즐거운 차례와, 마음이 즐거운 차례 가운데 모든 근기의 차례와, 근기의 차례 가운데 조복하는 차례와, 조복하는 차례 가운데 모든 부처님 수명의 차례와, 수명의 차례 가운데 억 나유타 해의 수량의 차례를 안다.

불자들이여, 이 보살마하살이 이와 같이 가없는 차례의 지혜를 얻은 까닭으로 곧 과거의 모든 부처님을 알며, 곧 과거의 모든 세계를 알며, 곧 과거의 법문을 알며, 곧 과거의 모든 겁을 알며, 곧 과거의 모든 법을 안다.

지과거법문　　　　즉지과거제겁　　　즉지과거
知過去法門하며　則知過去諸劫하며　則知過去

제법　　　즉지과거제심　　　즉지과거제해
諸法하며　則知過去諸心하며　則知過去諸解하며

즉지과거제중생　　　즉지과거제번뇌　　즉
則知過去諸衆生하며　則知過去諸煩惱하며　則

지과거제의식　　　즉지과거제청정
知過去諸儀式하며　則知過去諸淸淨이니라

불자　차삼매　명과거청정장
佛子야　此三昧가　名過去淸淨藏이니라

어일념중　　능입백겁　　　능입천겁　　　능입
於一念中에　能入百劫하며　能入千劫하며　能入

백천겁　　　능입백천억나유타겁　　　능입무
百千劫하며　能入百千億那由他劫하며　能入無

곧 과거의 모든 마음을 알며, 곧 과거의 모든 지해를 알며, 곧 과거의 모든 중생들을 알며, 곧 과거의 모든 번뇌를 알며, 곧 과거의 모든 의식을 알며, 곧 과거의 모든 청정함을 안다.

불자들이여, 이 삼매가 이름이 '과거의 청정장'이다.

한 생각 동안에 능히 백 겁에 들어가며, 능히 천 겁에 들어가며, 능히 백천 겁에 들어가며, 능히 백천억 나유타 겁에 들어가며, 능히 수없는 겁에 들어가며, 능히 한량없는 겁에 들어가며, 능히 가없는 겁에 들어간다.

수겁　　능입무량겁　　능입무변겁
數劫하며 能入無量劫하며 能入無邊劫하니라

능입무등겁　　능입불가수겁　　능입불가
能入無等劫하며 能入不可數劫하며 能入不可

칭겁　　능입불가사겁　　능입불가량겁
稱劫하며 能入不可思劫하며 能入不可量劫하며

능입불가설겁　　능입불가설불가설겁
能入不可說劫하며 能入不可說不可說劫이니라

불자　피보살마하살　　입차삼매　　불멸현
佛子야 彼菩薩摩訶薩이 入此三昧에 不滅現

재　　불연과거
在하며 不緣過去니라

불자　피보살마하살　　종차삼매기　　어여래
佛子야 彼菩薩摩訶薩이 從此三昧起에 於如來

능히 같음이 없는 겁에 들어가며, 능히 셀 수 없는 겁에 들어가며, 능히 일컬을 수 없는 겁에 들어가며, 능히 생각할 수 없는 겁에 들어가며, 능히 헤아릴 수 없는 겁에 들어가며, 능히 말할 수 없는 겁에 들어가며, 능히 말할 수 없이 말할 수 없는 겁에 들어간다.

불자들이여, 저 보살마하살이 이 삼매에 들어감에 현재를 멸하지도 아니하고 과거를 반연하지도 아니한다.

불자들이여, 저 보살마하살이 이 삼매에서 일어남에 여래의 처소에서 열 가지 불가사의

소　　수십종불가사의관정법　　　역득　　　역
所에 受十種不可思議灌頂法하야 亦得하며 亦

청정　　　역성취　　　역입　　　역증　　　역만
淸淨하며 亦成就하며 亦入하며 亦證하며 亦滿하며

역지　　평등요지　　　삼륜청정
亦持하며 平等了知하며 三輪淸淨하나니라

하등　위십
何等이 爲十고

일자　변불위의　이자　설법무진　　삼자
一者는 辯不違義요 二者는 說法無盡이요 三者는

훈사무실　　사자　요설부단　　오자　심무
訓辭無失이요 四者는 樂說不斷이요 五者는 心無

공외
恐畏요

육자　어필성실　　칠자　중생소의　팔자
六者는 語必誠實이요 七者는 衆生所依요 八者는

한 관정의 법을 받고, 또한 얻으며, 또한 청정히 하며, 또한 성취하며, 또한 들어가며, 또한 증득하며, 또한 만족하며, 또한 지니며, 평등하게 밝게 알며, 삼륜이 청정하게 된다.

어떤 것이 열인가?

하나는 말이 뜻을 어기지 않고, 둘은 법을 설함이 다함이 없고, 셋은 가르치는 말에 잘못이 없고, 넷은 설하기 좋아하여 끊어지지 않고, 다섯은 마음에 두려움이 없다.

여섯은 말이 반드시 성실하고, 일곱은 중생들이 의지할 바이고, 여덟은 삼계를 구호하여 해탈케 하고, 아홉은 선근이 가장 수승하고,

구탈삼계　　구자　선근최승　　　십자　　조어
救脫三界요 九者는 善根最勝이요 十者는 調御

묘법
妙法이니라

불자　차시십종관정법　　약보살　　입차삼
佛子야 此是十種灌頂法이니 若菩薩이 入此三

매　　　종삼매기　　무간즉득　　여가라라
昧하면 從三昧起하야 無閒則得이 如歌羅邏가

입태장시　어일념간　식즉탁생
入胎藏時에 於一念閒에 識則託生인달하니라

보살마하살　　역부여시　　종차정기　　어여
菩薩摩訶薩도 亦復如是하야 從此定起에 於如

래소　일념즉득차십종법
來所에 一念則得此十種法이니라

불자　　시명보살마하살　　제오지과거장엄
佛子야 是名菩薩摩訶薩의 第五知過去莊嚴

열은 미묘한 법으로 조어한다.

불자들이여, 이것이 열 가지 관정하는 법이다. 만약 보살이 이 삼매에 들었다가 삼매에서 일어나면 사이 없이 곧 얻게 되는 것이 마치 가라라가 태장에 들 때에 한 생각 동안에 식이 곧 의탁해서 생기는 것과 같다.

보살마하살도 또한 다시 이와 같아서 이 정에서 일어나면 여래의 처소에서 한 생각 동안에 곧 이 열 가지 법을 얻게 된다.

불자들이여, 이것이 이름이 보살마하살의 다섯째 '과거의 장엄장을 아는 큰 삼매의 선교지혜'이다.

장대삼매선교지
藏大三昧善巧智이니라

불자 운하위보살마하살 지광명장삼매
佛子야 云何爲菩薩摩訶薩의 智光明藏三昧오

불자 피보살마하살 주차삼매 능지미래
佛子야 彼菩薩摩訶薩이 住此三昧에 能知未來

일체세계 일체겁중소유제불 약이설 약
一切世界와 一切劫中所有諸佛의 若已說과 若

미설 약이수기 약미수기 종종명호 각
未說과 若已授記와 若未授記한 種種名号의 各

각부동
各不同하나니라

소위무수명 무량명 무변명 무등명 불
所謂無數名과 無量名과 無邊名과 無等名과 不

불자들이여, 무엇을 보살마하살의 지혜 광명장 삼매라 하는가?

불자들이여, 저 보살마하살이 이 삼매에 머무르면 미래 일체 세계와 일체 겁에 계시는 모든 부처님께서 이미 설하셨거나 아직 설하지 않으셨거나, 이미 수기를 주셨거나 아직 수기를 주지 않으신 갖가지 명호가 각각 같지 아니함을 능히 안다.

이른바 수없는 명호와, 한량없는 명호와, 가없는 명호와, 같음이 없는 명호와, 셀 수 없는 명호와, 일컬을 수 없는 명호와, 생각할 수 없는 명호와, 헤아릴 수 없는 명호와, 말할 수

가수명　　불가칭명　　불가사명　　불가량명
可數名과 不可稱名과 不可思名과 不可量名과

불가설명
不可說名이니라

당출현어세　　당이익중생　　당작법왕　　당흥
當出現於世와 當利益衆生과 當作法王과 當興

불사　당설복리　　당찬선의
佛事와 當說福利와 當讚善義니라

당설백분의　　당정치제악　　당안주공덕　　당
當說白分義와 當淨治諸惡과 當安住功德과 當

개시제일의제　　당입관정위　　당성일체지
開示第一義諦와 當入灌頂位와 當成一切智니라

피제여래　　수원만행　　발원만원　　입원만지
彼諸如來의 修圓滿行과 發圓滿願과 入圓滿智와

없는 명호이다.

 마땅히 세상에 출현하며, 마땅히 중생을 이익케 하며, 마땅히 법왕이 되며, 마땅히 불사를 일으키며, 마땅히 복과 이익을 설하며, 마땅히 착한 뜻을 찬탄할 것이다.

 마땅히 깨끗한 뜻을 설하며, 마땅히 모든 악을 깨끗이 다스리며, 마땅히 공덕에 편안히 머무르며, 마땅히 제일의 진리를 열어 보이며, 마땅히 관정의 지위에 들어가며, 마땅히 일체지를 이룰 것이다.

 저 모든 여래께서 원만한 행을 닦고, 원만한

유원만중   비원만장엄   집원만공덕   오원
有圓滿衆과 備圓滿莊嚴과 集圓滿功德과 悟圓

만법   득원만과   구원만상   성원만각   피제
滿法과 得圓滿果와 具圓滿相과 成圓滿覺과 彼諸

여래   명성종족   방편선교   신통변화   성숙
如來의 名姓種族과 方便善巧와 神通變化와 成熟

중생   입반열반   여시일체   개실요지
衆生과 入般涅槃하는 如是一切를 皆悉了知하니라

차보살   어일념중   능입일겁백겁천겁
此菩薩이 於一念中에 能入一劫百劫千劫

백천겁백천억나유타겁   입염부제미진수
百千劫百千億那由他劫하며 入閻浮提微塵數

겁   입사천하미진수겁   입소천세계미
劫하며 入四天下微塵數劫하며 入小千世界微

서원을 내고, 원만한 지혜에 들어가고, 원만한 대중을 가지고, 원만한 장엄을 갖추고, 원만한 공덕을 모으고, 원만한 법을 깨닫고, 원만한 과보를 얻고, 원만한 상호를 갖추고, 원만한 깨달음을 이루심과, 저 모든 여래의 명호와 성씨와 종족과 방편 선교와 신통 변화와 중생을 성숙케 함과 열반에 드시는, 이와 같은 일체를 모두 다 밝게 안다.

 이 보살이 한 생각 동안에 한 겁과 백 겁과 천 겁과 백천 겁과 백천억 나유타 겁에 능히 들어가며, 염부제 미진수 겁에 들어가며, 사천

塵數劫하며 入中千世界微塵數劫하며 入大千
世界微塵數劫하니라

入百佛刹微塵數劫하며 入百千佛刹微塵數
劫하며 入百千億那由他佛刹微塵數劫하며 入
無數佛刹微塵數劫하며 入無量佛刹微塵數
劫하니라

入無邊佛刹微塵數劫하며 入無等佛刹微塵數
劫하며 入不可數佛刹微塵數劫하며 入不可稱

하 미진수 겁에 들어가며, 소천세계 미진수 겁에 들어가며, 중천세계 미진수 겁에 들어가며, 대천세계 미진수 겁에 들어간다.

백 부처님 세계 미진수 겁에 들어가며, 백천 부처님 세계 미진수 겁에 들어가며, 백천억 나유타 부처님 세계 미진수 겁에 들어가며, 수없는 부처님 세계 미진수 겁에 들어가며, 한량없는 부처님 세계 미진수 겁에 들어간다.

가없는 부처님 세계 미진수 겁에 들어가며, 같음이 없는 부처님 세계 미진수 겁에 들어가며, 셀 수 없는 부처님 세계 미진수 겁에 들어가며, 일컬을 수 없는 부처님 세계 미진수 겁에 들어간다.

불찰미진수겁
佛刹微塵數劫하나라

입불가사불찰미진수겁　입불가량불찰미
入不可思佛刹微塵數劫하며 **入不可量佛刹微**

진수겁　　입불가설불찰미진수겁　　입불
塵數劫하며 **入不可說佛刹微塵數劫**하며 **入不**

가설불가설불찰미진수겁
可說不可說佛刹微塵數劫하나라

여시미래일체세계소유겁수　능이지혜
如是未來一切世界所有劫數를 **能以智慧**로

개실요지
皆悉了知하나라

이요지고　기심　부입십종지문
以了知故로 **其心**이 **復入十種持門**하나니라

생각할 수 없는 부처님 세계 미진수 겁에 들어가며, 헤아릴 수 없는 부처님 세계 미진수 겁에 들어가며, 말할 수 없는 부처님 세계 미진수 겁에 들어가며, 말할 수 없이 말할 수 없는 부처님 세계 미진수 겁에 들어간다.

이와 같이 미래의 일체 세계에 있는 겁의 수를 능히 지혜로써 모두 다 밝게 안다.

밝게 아는 까닭으로 그 마음이 다시 열 가지 지니는 문에 들어간다.

무엇이 열인가?

이른바 부처님을 지니는 데 들어간 까닭으로

하자 위십
何者가 爲十고

소위입불지고   득불가설불찰미진수제불
所謂入佛持故로 得不可說佛刹微塵數諸佛

호념   입법지고   득십종다라니광명무진
護念하며 入法持故로 得十種陀羅尼光明無盡

변재
辯才하니라

입행지고   출생원만수승제원   입력지고
入行持故로 出生圓滿殊勝諸願하며 入力持故로

무능영폐   무능최복
無能映蔽하고 無能摧伏하니라

입지지고   소행불법   무유장애   입대비
入智持故로 所行佛法이 無有障礙하며 入大悲

지고   전어불퇴청정법륜
持故로 轉於不退清淨法輪하니라

말할 수 없는 부처님 세계 미진수 모든 부처님의 호념하심을 얻으며, 법을 지니는 데 들어간 까닭으로 열 가지 다라니 광명의 다함없는 변재를 얻는다.

행을 지니는 데 들어간 까닭으로 원만하고 수승한 모든 서원을 내며, 힘을 지니는 데 들어간 까닭으로 덮어 가릴 수 없고 꺾어 굴복할 수 없다.

지혜를 지니는 데 들어간 까닭으로 부처님 법을 행함에 장애가 없으며, 대비를 지니는 데 들어간 까닭으로 물러나지 않는 청정한 법륜을 굴린다.

차별하고 매우 교묘한 문구를 지니는 데 들어간 까닭으로 일체 문자의 바퀴를 굴려서 일

입차별선교구지고　　　전일체문자륜　　　정일
入差別善巧句持故로 轉一切文字輪하야 淨一

체법문지　　　입사자수생법지고　　　개법관
切法門地하며 入師子受生法持故로 開法關

약　　　출욕어니
鑰하야 出欲淤泥하나니라

입지력지고　　　수보살행　　　상불휴식　　　입
入智力持故로 修菩薩行하야 常不休息하며 入

선우력지고　　　영무변중생　　　보득청정
善友力持故로 令無邊衆生으로 普得淸淨하나니라

입무주력지고　　　입불가설불가설광대겁
入無住力持故로 入不可說不可說廣大劫하며

입법력지고　　　이무애방편지　　　지일체법자
入法力持故로 以無礙方便智로 知一切法自

성청정
性淸淨이니라

체 법문의 땅을 깨끗하게 하며, 사자가 태어나는 법을 지니는 데 들어간 까닭으로 법의 빗장을 열어 탐욕의 수렁에서 나온다.

지혜의 힘을 지니는 데 들어간 까닭으로 보살의 행을 닦아 항상 쉬지 아니하며, 선우의 힘을 지니는 데 들어간 까닭으로 가없는 중생들로 하여금 널리 청정함을 얻게 한다.

머무름이 없는 힘을 지니는 데 들어간 까닭으로 말할 수 없이 말할 수 없는 광대한 겁에 들어가며, 법의 힘을 지니는 데 들어간 까닭으로 걸림 없는 방편과 지혜로 일체 법의 자성이 청정함을 안다.

불자 보살마하살 주차삼매이 선교주불
佛子야 菩薩摩訶薩이 住此三昧已에 善巧住不

가설불가설겁 선교주불가설불가설찰
可說不可說劫하며 善巧住不可說不可說刹하나라

선교지불가설불가설종종중생 선교지불
善巧知不可說不可說種種衆生하며 善巧知不

가설불가설중생이상
可說不可說衆生異相하나라

선교지불가설불가설동이업보 선교지불
善巧知不可說不可說同異業報하며 善巧知不

가설불가설정진제근 습기상속차별제
可說不可說精進諸根과 習氣相續差別諸

행
行하나라

선교지불가설불가설무량염정종종사유
善巧知不可說不可說無量染淨種種思惟하며

불자들이여, 보살마하살이 이 삼매에 머무름에 말할 수 없이 말할 수 없는 겁에 잘 머무르며, 말할 수 없이 말할 수 없는 세계에 잘 머무른다.

말할 수 없이 말할 수 없는 갖가지 중생들을 잘 알며, 말할 수 없이 말할 수 없는 중생들의 다른 모습을 잘 안다.

말할 수 없이 말할 수 없는 같거나 다른 업의 과보를 잘 알며, 말할 수 없이 말할 수 없는 정진하는 모든 근과 습기의 상속과 차별된 모든 행을 잘 안다.

말할 수 없이 말할 수 없는 한량없는 물들고

선교지불가설불가설법종종의　　무량문자
善巧知不可說不可說法種種義와 **無量文字**

연설언사
演說言辭하니라

선교지불가설불가설종종불출현　　종족시
善巧知不可說不可說種種佛出現에 **種族時**

절　　현상설법　　시위불사　　입반열반
節과 **現相說法**과 **施爲佛事**와 **入般涅槃**하니라

선교지불가설불가설무변지혜문　　선교지
善巧知不可說不可說無邊智慧門하며 **善巧知**

불가설불가설일체신통무량변현
不可說不可說一切神通無量變現하나니라

불자　　비여일출　　세간소유촌영성읍　　궁전
佛子야 **譬如日出**에 **世間所有村營城邑**과 **宮殿**

깨끗한 갖가지 사유를 잘 알며, 말할 수 없이 말할 수 없는 법과 갖가지 뜻과 한량없는 문자와 연설하는 말을 잘 안다.

말할 수 없이 말할 수 없는 갖가지 부처님께서 출현하심에 종족과 시절과 형상을 나타내어 법을 설하심과 불사를 하심과 열반에 드심을 잘 안다.

말할 수 없이 말할 수 없는 가없는 지혜의 문을 잘 알며, 말할 수 없이 말할 수 없는 일체 신통과 한량없는 변화를 잘 안다.

불자들이여, 비유하면 해가 뜨면 세간에 있

옥택　　산택조수　　수림화과　　여시일체종종
屋宅과 山澤鳥獸와 樹林華果의 如是一切種種

제물　유목지인　　실득명견
諸物을 有目之人이 悉得明見하나니라

불자　　일광　　평등　　　무유분별　　　이능령
佛子야 日光이 平等하야 無有分別호대 而能令

목　　　견종종상　　　차대삼매　　역부여시
目으로 見種種相인달하야 此大三昧도 亦復如是하야

체성　　　평등　　무유분별　　　능령보살　　지
體性이 平等하야 無有分別호대 能令菩薩로 知

불가설불가설백천억나유타차별지상
不可說不可說百千億那由他差別之相이니라

불자　차보살마하살　　여시요지시　　영제중
佛子야 此菩薩摩訶薩이 如是了知時에 令諸衆

는 마을과 도시와 궁전과 가옥과 산과 못과 새와 짐승과 나무와 숲과 꽃과 과실의, 이와 같은 일체 갖가지 모든 물건을 눈 있는 사람은 모두 분명하게 보는 것과 같다.

불자들이여, 햇빛은 평등하여 분별이 없지만 능히 눈으로 하여금 갖가지 모양을 보게 하듯이, 이 큰 삼매도 또한 다시 이와 같아서, 체성이 평등하여 분별이 없지만 능히 보살들로 하여금 말할 수 없이 말할 수 없는 백천억 나유타 차별한 모양을 알게 한다.

불자들이여, 이 보살마하살이 이와 같이 밝

생 　　　 득십종불공
生으로 得十種不空하나니라

하등　　위십
何等이 爲十고

일자　 견불공　　　영제중생　　　생선근고　　이
一者는 見不空이니 令諸衆生으로 生善根故며 二

자　 문불공　　　영제중생　　　득성숙고　 삼자
者는 聞不空이니 令諸衆生으로 得成熟故며 三者는

동주불공　　　영제중생　　　심조복고　　사자
同住不空이니 令諸衆生으로 心調伏故며 四者는

발기불공　　　영제중생　　　여언이작　　　통달
發起不空이니 令諸衆生으로 如言而作하야 通達

일체제법의고
一切諸法義故니라

오자　 행불공　　　영무변세계　　　개청정고
五者는 行不空이니 令無邊世界로 皆淸淨故며

게 알 때에 모든 중생들로 하여금 열 가지 헛되지 않음을 얻게 한다.

어떤 것이 열인가?

하나는 보는 것이 헛되지 않으니 모든 중생들이 선근을 내게 하는 까닭이며, 둘은 들음이 헛되지 않으니 모든 중생들이 성숙함을 얻게 하는 까닭이며, 셋은 함께 머무름이 헛되지 않으니 모든 중생들이 마음을 조복하게 하는 까닭이며, 넷은 발기함이 헛되지 않으니 모든 중생들이 말한 대로 행하여 일체 모든 법의 뜻을 통달하게 하는 까닭이다.

다섯은 행이 헛되지 않으니 가없는 세계를

六者는 親近不空이니 於不可說不可說佛刹諸

如來所에 斷不可說不可說衆生疑故며 七者는

願不空이니 隨所念衆生하야 令作勝供養하야 成

就諸願故ㅣ니라

八者는 善巧法不空이니 皆令得住無礙解脫淸

淨智故며 九者는 雨法雨不空이니 於不可說不

可說諸根衆生中에 方便開示一切智行하야 令

住佛道故며 十者는 出現不空이니 現無邊相하야

다 청정케 하는 까닭이며, 여섯은 친근함이 헛되지 않으니 말할 수 없이 말할 수 없는 부처님 세계 모든 여래의 처소에서 말할 수 없이 말할 수 없는 중생들의 의심을 끊게 하는 까닭이며, 일곱은 서원이 헛되지 않으니 생각하는 바 중생들을 따라 수승한 공양을 지어서 모든 서원을 성취케 하는 까닭이다.

여덟은 매우 공교한 법이 헛되지 않으니 모두 걸림 없는 해탈과 청정한 지혜에 머무르게 하는 까닭이며, 아홉은 법의 비를 내림이 헛되지 않으니 말할 수 없이 말할 수 없는 모든 근기의 중생들에게 일체지의 행을 방편으로 열어

영일체중생 개몽조고
令一切衆生으로 皆蒙照故니라

불자 보살마하살 주차삼매 득십종불
佛子야 菩薩摩訶薩이 住此三昧하야 得十種不

공시 제천왕중 개래정례 제용왕중
空時에 諸天王衆이 皆來頂禮하며 諸龍王衆이

흥대향운 제야차왕 정례기족 아수
興大香雲하며 諸夜叉王이 頂禮其足하며 阿脩

라왕 공경공양 가루라왕 전후위요
羅王이 恭敬供養하며 迦樓羅王이 前後圍遶하며

제범천왕 실래권청 긴나라왕 마후라
諸梵天王이 悉來勸請하며 緊那羅王과 摩睺羅

가왕 함공칭찬 건달바왕 상래친근
伽王이 咸共稱讚하며 乾闥婆王이 常來親近하며

보여서 부처님의 도에 머무르게 하는 까닭이며, 열은 나타남이 헛되지 않으니 가없는 상호를 나타내어 일체 중생이 모두 비춤을 얻게 하는 까닭이다.

불자들이여, 보살마하살이 이 삼매에 머물러서 열 가지 헛되지 않음을 얻을 때에 모든 천왕들이 다 와서 정례하며, 모든 용왕들이 큰 향기구름을 일으키며, 모든 야차왕들이 그 발에 정례하며, 아수라왕들이 공경하고 공양올리며, 가루라왕들이 앞뒤로 둘러싸며, 모든 범천왕들이 모두 와서 권청하며, 긴나라왕들

제인왕중　　승사공양
諸人王衆이 承事供養하나니라

불자　　시위보살마하살　　제육지광명장대
佛子야 是爲菩薩摩訶薩의 第六智光明藏大

삼매선교지
三昧善巧智니라

불자　　운하위보살마하살　　요지일체세계
佛子야 云何爲菩薩摩訶薩의 了知一切世界

불장엄삼매
佛莊嚴三昧오

불자　차삼매　하고　명요지일체세계불장
佛子야 此三昧가 何故로 名了知一切世界佛莊

과 마후라가왕들이 모두 함께 칭찬하며, 건달바왕들이 항상 와서 친근하며, 모든 인간의 왕들이 받들어 섬기며 공양올린다.

불자들이여, 이것이 보살마하살의 여섯째 '지혜 광명장인 큰 삼매의 선교 지혜'이다.

불자들이여, 무엇을 보살마하살의 일체 세계 부처님 장엄을 밝게 아는 삼매라 하는가?

불자들이여, 이 삼매를 무슨 까닭으로 일체 세계 부처님 장엄을 밝게 안다고 이름하는가?

불자들이여, 보살마하살이 이 삼매에 머무르

엄
嚴고

불자 보살마하살 주차삼매 능차제입동
佛子야 菩薩摩訶薩이 住此三昧에 能次第入東

방세계 능차제입남방세계 서방북방
方世界하며 能次第入南方世界하며 西方北方과

사유상하 소유세계 실역여시능차제입
四維上下의 所有世界도 悉亦如是能次第入하나라

개견제불 출흥어세 역견피불 일체신
皆見諸佛의 出興於世하며 亦見彼佛의 一切神

력 역견제불 소유유희 역견제불 광
力하며 亦見諸佛의 所有遊戱하며 亦見諸佛의 廣

대위덕 역견제불 최승자재
大威德하며 亦見諸佛의 最勝自在하니라

역견제불 대사자후 역견제불 소수제
亦見諸佛의 大師子吼하며 亦見諸佛의 所修諸

면 능히 차례로 동방 세계에 들어가며, 능히 차례로 남방 세계에 들어가며, 서방과 북방과 네 간방과 상방과 하방에 있는 세계에도 다 또한 이와 같이 능히 차례로 들어간다.

모든 부처님께서 세상에 출현하심을 다 보며, 또한 그 부처님의 일체 신통한 힘을 보며, 또한 모든 부처님의 있는 바 유희를 보며, 또한 모든 부처님의 광대한 위덕을 보며, 또한 모든 부처님의 가장 수승한 자재하심을 본다.

또한 모든 부처님의 큰 사자후를 보며, 또한 모든 부처님의 닦으시는 바 모든 행을 보며, 또한 모든 부처님의 갖가지 장엄을 보며, 또한

行하며 亦見諸佛의 種種莊嚴하며 亦見諸佛의 神
足變化하며 亦見諸佛의 衆會雲集하니라

衆會淸淨과 衆會廣大와 衆會一相과 衆會多相과
衆會處所와 衆會居止와 衆會成熟과 衆會調伏과
衆會威德과 如是一切를 悉皆明見하니라

亦見衆會의 其量大小가 等閻浮提하며 亦見衆
會가 等四天下하며 亦見衆會가 等小千界하며 亦

모든 부처님의 신족의 변화를 보며, 또한 모든 부처님의 대중모임이 구름처럼 모이는 것을 본다.

대중모임의 청정함과, 대중모임의 광대함과, 대중모임의 한 모양임과, 대중모임의 여러 모양임과, 대중모임의 처소와, 대중모임의 거처함과, 대중모임의 성숙함과, 대중모임의 조복함과, 대중모임의 위덕과, 이와 같은 일체를 모두 다 분명히 본다.

또한 대중모임의 그 양의 크고 작음이 염부제와 같음을 보며, 또한 대중모임이 사천하와 같음을 보며, 또한 대중모임이 소천세계와 같음을

견중회　등중천계
見眾會가 等中千界하니라

역견중회　양등삼천대천세계　　역견중회
亦見眾會가 量等三千大千世界하며 亦見眾會가

충만백천억나유타불찰　　역견중회　충만
充滿百千億那由他佛剎하며 亦見眾會가 充滿

아승지불찰
阿僧祇佛剎하니라

역견중회　충만백불찰미진수불찰　　역견
亦見眾會가 充滿百佛剎微塵數佛剎하며 亦見

중회　충만천불찰미진수불찰　　역견중회
眾會가 充滿千佛剎微塵數佛剎하며 亦見眾會가

충만백천억나유타불찰미진수불찰
充滿百千億那由他佛剎微塵數佛剎하니라

역견중회　충만무수불찰미진수불찰　　역
亦見眾會가 充滿無數佛剎微塵數佛剎하며 亦

보며, 또한 대중모임이 중천세계와 같음을 본다.

또한 대중모임의 양이 삼천대천세계와 같음을 보며, 또한 대중모임이 백천억 나유타 부처님 세계에 가득함을 보며, 또한 대중모임이 아승지 부처님 세계에 가득함을 본다.

또한 대중모임이 백 부처님 세계 미진수의 부처님 세계에 가득함을 보며, 또한 대중모임이 천 부처님 세계 미진수의 부처님 세계에 가득함을 보며, 또한 대중모임이 백천억 나유타 부처님 세계 미진수의 부처님 세계에 가득함을 본다.

또한 대중모임이 수없는 부처님 세계 미진수의 부처님 세계에 가득함을 보며, 또한 대중모

견중회　　충만무량불찰미진수불찰　　　역
見衆會가 充滿無量佛刹微塵數佛刹하며 亦

견중회　　충만무변불찰미진수불찰　　　역
見衆會가 充滿無邊佛刹微塵數佛刹하며 亦

견중회　　충만무등불찰미진수불찰　　　역
見衆會가 充滿無等佛刹微塵數佛刹하며 亦

견중회　　충만불가수불찰미진수불찰
見衆會가 充滿不可數佛刹微塵數佛刹하니라

역견중회　　충만불가칭불찰미진수불찰
亦見衆會가 充滿不可稱佛刹微塵數佛刹하며

역견중회　　충만불가사불찰미진수불찰
亦見衆會가 充滿不可思佛刹微塵數佛刹하며

역견중회　　충만불가량불찰미진수불찰
亦見衆會가 充滿不可量佛刹微塵數佛刹하며

역견중회　　충만불가설불찰미진수불찰
亦見衆會가 充滿不可說佛刹微塵數佛刹하며

임이 한량없는 부처님 세계 미진수의 부처님 세계에 가득함을 보며, 또한 대중모임이 가없는 부처님 세계 미진수의 부처님 세계에 가득함을 보며, 또한 대중모임이 같음이 없는 부처님 세계 미진수의 부처님 세계에 가득함을 보며, 또한 대중모임이 셀 수 없는 부처님 세계 미진수의 부처님 세계에 가득함을 본다.

또한 대중모임이 일컬을 수 없는 부처님 세계 미진수의 부처님 세계에 가득함을 보며, 또한 대중모임이 생각할 수 없는 부처님 세계 미진수의 부처님 세계에 가득함을 보며, 또한 대중모임이 헤아릴 수 없는 부처님 세계 미진수

역견중회　충만불가설불가설불찰미진수
亦見衆會가 充滿不可說不可說佛刹微塵數

불찰
佛刹하니라

역견제불　어피중회도량중　시현종종상
亦見諸佛이 於彼衆會道場中에 示現種種相과

종종시　　종종국토　　종종변화　　종종신통
種種時와 種種國土와 種種變化와 種種神通과

종종장엄　　종종자재　　종종형량　　종종사
種種莊嚴과 種種自在와 種種形量과 種種事

업
業하니라

보살마하살　　역견자신　　왕피중회　　　역자
菩薩摩訶薩이 亦見自身이 往彼衆會하며 亦自

의 부처님 세계에 가득함을 보며, 또한 대중모임이 말할 수 없는 부처님 세계 미진수의 부처님 세계에 가득함을 보며, 또한 대중모임이 말할 수 없이 말할 수 없는 부처님 세계 미진수의 부처님 세계에 가득함을 본다.

또한 모든 부처님께서 저 대중모임 도량에서 나타내 보이시는 갖가지 모양과 갖가지 시간과 갖가지 국토와 갖가지 변화와 갖가지 신통과 갖가지 장엄과 갖가지 자재와 갖가지 형상의 양과 갖가지 하시는 일을 본다.

보살마하살이 또한 자신이 저 대중모임에 가

見身이 在彼說法하며 亦自見身이 受持佛語하며

亦自見身이 善知緣起하며 亦自見身이 住在虛

空하니라

亦自見身이 住於法身하며 亦自見身이 不生染

著하며 亦自見身이 不住分別하며 亦自見身이 無

有疲倦하며 亦自見身이 普入諸智하니라

亦自見身이 普知諸義하며 亦自見身이 普入諸

地하며 亦自見身이 普入諸趣하며 亦自見身이 普

는 것을 보며, 또한 스스로 몸이 저기에서 법문 설함을 보며, 또한 스스로 몸이 부처님 말씀을 받아 지님을 보며, 또한 스스로 몸이 연기를 잘 아는 것을 보며, 또한 스스로 몸이 허공에 머물러 있음을 본다.

또한 스스로 몸이 법신에 머무름을 보며, 또한 스스로 몸이 물들어 집착함을 내지 않음을 보며, 또한 스스로 몸이 분별에 머무르지 않음을 보며, 또한 스스로 몸이 고달프지 않음을 보며, 또한 스스로 몸이 모든 지혜에 널리 들어감을 본다.

또한 스스로 몸이 모든 이치를 널리 앎을 보

지방편　　　역자견신　　　보주불전
知方便하며 亦自見身이 普住佛前하나라

역자견신　　　보입제력　　　역자견신　　　보입진
亦自見身이 普入諸力하며 亦自見身이 普入眞

여　　역자견신　　　보입무쟁　　　역자견신　　보
如하며 亦自見身이 普入無諍하며 亦自見身이 普

입제법
入諸法이니라

여시견시　　　불분별국토　　　　불분별중생
如是見時에 不分別國土하며 不分別衆生하며

불분별불　　　불분별법
不分別佛하며 不分別法하나라

부집착신　　　부집착신업　　　부집착심　　부
不執著身하며 不執著身業하며 不執著心하며 不

집착의
執著意하나라

며, 또한 스스로 몸이 모든 지위에 널리 들어감을 보며, 또한 스스로 몸이 모든 갈래에 널리 들어감을 보며, 또한 스스로 몸이 방편을 널리 아는 것을 보며, 또한 스스로 몸이 부처님 앞에 널리 머무름을 본다.

또한 스스로 몸이 모든 힘에 널리 들어감을 보며, 또한 스스로 몸이 진여에 널리 들어감을 보며, 또한 스스로 몸이 다툼이 없는 데 널리 들어감을 보며, 또한 스스로 몸이 모든 법에 널리 들어감을 본다.

이와 같이 볼 때에 국토를 분별하지도 아니하며, 중생을 분별하지도 아니하며, 부처님을

비여제법　　불분별자성　　　불분별음성
譬如諸法이 不分別自性하며 不分別音聲호대

이자성불사　　명자불멸　　　보살마하살
而自性不捨하며 名字不滅인달하야 菩薩摩訶薩도

역부여시　　불사어행　　수세소작　　이어
亦復如是하야 不捨於行하고 隨世所作호대 而於

차이　무소집착
此二에 無所執著이니라

불자　보살마하살　　견불무량광색　　무량
佛子야 菩薩摩訶薩이 見佛無量光色과 無量

형상　원만성취　　평등청정　　일일현전
形相과 圓滿成就와 平等淸淨호대 一一現前하야

분명증료
分明證了하니라

분별하지도 아니하며, 법을 분별하지도 아니한다.

몸에 집착하지도 아니하며, 신업에 집착하지도 아니하며, 마음에 집착하지도 아니하며, 뜻에 집착하지도 아니한다.

비유하면 모든 법이 자성을 분별하지 않고 음성을 분별하지도 않지만 자성을 버리지 않고 이름과 글자를 없애지도 않듯이, 보살마하살도 또한 다시 이와 같아서, 행을 버리지 않고 세상이 지은 바를 따르되 이 두 가지에 집착하는 바가 없다.

혹견불신　종종광명　　혹견불신　원광일
或見佛身의 種種光明하며 或見佛身의 圓光一

심　혹견불신　여성일색　혹견불신　미
尋하며 或見佛身이 如盛日色하며 或見佛身의 微

묘광색　　혹견불신　작청정색
妙光色하며 或見佛身이 作淸淨色하니라

혹견불신　작황금색　　혹견불신　작금강
或見佛身이 作黃金色하며 或見佛身이 作金剛

색　혹견불신　작감청색　　혹견불신　작
色하며 或見佛身이 作紺靑色하며 或見佛身이 作

무변색　　혹견불신　작대청마니보색
無邊色하며 或見佛身이 作大靑摩尼寶色하니라

혹견불신　기량칠주　　혹견불신　기량팔
或見佛身이 其量七肘하며 或見佛身이 其量八

주　혹견불신　기량구주　　혹견불신　기
肘하며 或見佛身이 其量九肘하며 或見佛身이 其

불자들이여, 보살마하살이 부처님의 한량없는 빛과 한량없는 형상과 원만하게 성취함과 평등하고 청정함을 보되, 낱낱이 앞에 나타나서 분명하게 증득하여 안다.

혹은 부처님 몸의 갖가지 광명을 보며, 혹은 부처님 몸의 둥근 광명이 한 길임을 보며, 혹은 부처님 몸이 치성한 햇빛 같음을 보며, 혹은 부처님 몸이 미묘한 빛임을 보며, 혹은 부처님 몸이 청정한 빛 지음을 본다.

혹은 부처님 몸이 황금색 지음을 보며, 혹은 부처님 몸이 금강색 지음을 보며, 혹은 부처님 몸이 감청색 지음을 보며, 혹은 부처님 몸이

량 십 주
量 十 肘하니라

혹견불신 이십주량 혹견불신 삼십주
或見佛身이 **二十肘量**하며 **或見佛身**의 **三十肘**

량 여시내지일백주량 일천주량
量과 **如是乃至一百肘量**과 **一千肘量**하니라

혹견불신 일구로사량 혹견불신 반유
或見佛身의 **一俱盧舍量**하며 **或見佛身**의 **半由**

순량 혹견불신 일유순량 혹견불신
旬量하며 **或見佛身**의 **一由旬量**하며 **或見佛身**의

십유순량 혹견불신 백유순량 혹견
十由旬量하며 **或見佛身**의 **百由旬量**하며 **或見**

불신 천유순량
佛身의 **千由旬量**하니라

혹견불신 백천유순량 혹견불신 염부
或見佛身의 **百千由旬量**하며 **或見佛身**의 **閻浮**

가없는 색 지음을 보며, 혹은 부처님 몸이 크고 푸른 마니보배색 지음을 본다.

혹은 부처님 몸이 그 키가 일곱 주임을 보며, 혹은 부처님 몸이 그 키가 여덟 주임을 보며, 혹은 부처님 몸이 그 키가 아홉 주임을 보며, 혹은 부처님 몸이 그 키가 열 주임을 본다.

혹은 부처님 몸이 스무 주의 크기임을 보며, 혹은 부처님 몸이 서른 주의 크기이며 이와 같이 내지 일백 주의 크기와 일천 주의 크기임을 본다.

혹은 부처님 몸이 한 구로사의 크기임을 보며, 혹은 부처님 몸이 반 유순의 크기임을 보

제량　　혹견불신　　사천하량　　혹견불신
提量하며 或見佛身의 四天下量하며 或見佛身의

소천계량　　혹견불신　중천계량
小千界量하며 或見佛身의 中千界量하니라

혹견불신　　대천계량　　혹견불신　　백대천
或見佛身의 大千界量하며 或見佛身의 百大千

세계량　　혹견불신　　천대천세계량　　혹
世界量하며 或見佛身의 千大千世界量하며 或

견불신　　백천대천세계량　　혹견불신
見佛身의 百千大千世界量하며 或見佛身의

백천억나유타대천세계량
百千億那由他大千世界量하니라

혹견불신　　무수대천세계량　　혹견불신
或見佛身의 無數大千世界量하며 或見佛身의

무량대천세계량　　혹견불신　　무변대천세
無量大千世界量하며 或見佛身의 無邊大千世

며, 혹은 부처님 몸이 한 유순의 크기임을 보며, 혹은 부처님 몸이 열 유순의 크기임을 보며, 혹은 부처님 몸이 백 유순의 크기임을 보며, 혹은 부처님 몸이 천 유순의 크기임을 본다.

혹은 부처님 몸이 백천 유순의 크기임을 보며, 혹은 부처님 몸이 염부제의 크기임을 보며, 혹은 부처님 몸이 사천하의 크기임을 보며, 혹은 부처님 몸이 소천세계의 크기임을 보며, 혹은 부처님 몸이 중천세계의 크기임을 본다.

혹은 부처님 몸이 대천세계의 크기임을 보며, 혹은 부처님 몸이 백 대천세계의 크기임을 보며, 혹은 부처님 몸이 천 대천세계의 크기임

계량　　혹견불신　　무등대천세계량　　　혹
界量하며 或見佛身의 無等大千世界量하며 或

견불신　　불가수대천세계량
見佛身의 不可數大千世界量하나라

혹견불신　　불가칭대천세계량　　　혹견불신
或見佛身의 不可稱大千世界量하며 或見佛身의

불가사대천세계량　　　혹견불신　　불가량대
不可思大千世界量하며 或見佛身의 不可量大

천세계량　　혹견불신　　불가설대천세계량
千世界量하며 或見佛身의 不可說大千世界量하며

혹견불신　　불가설불가설대천세계량
或見佛身의 不可說不可說大千世界量하나니라

불자　　보살　　여시견제여래　　무량색상　　무
佛子야 菩薩이 如是見諸如來의 無量色相과 無

량형상　　무량시현　　무량광명　　무량광명망
量形狀과 無量示現과 無量光明과 無量光明網에

을 보며, 혹은 부처님 몸이 백천 대천세계의 크기임을 보며, 혹은 부처님 몸이 백천억 나유타 대천세계의 크기임을 본다.

혹은 부처님 몸이 수없는 대천세계의 크기임을 보며, 혹은 부처님 몸이 한량없는 대천세계의 크기임을 보며, 혹은 부처님 몸이 가없는 대천세계의 크기임을 보며, 혹은 부처님 몸이 같음이 없는 대천세계의 크기임을 보며, 혹은 부처님 몸이 셀 수 없는 대천세계의 크기임을 본다.

혹은 부처님 몸이 일컬을 수 없는 대천세계의 크기임을 보며, 혹은 부처님 몸이 생각할 수 없는 대천세계의 크기임을 보며, 혹은 부처

기광분량　　등우법계　　어법계중　　무소부
其光分量이 等于法界하야 於法界中에 無所不

조　　　보령발기무상지혜
照하야 普令發起無上智慧하니라

우견불신　　무유염착　　　무유장애　　　상묘
又見佛身이 無有染著하고 無有障礙하야 上妙

청정
淸淨이니라

불자　　보살　　여시견어불신　　이여래신
佛子야 菩薩이 如是見於佛身호대 而如來身은

부증불감
不增不減이니라

비여허공　　어충소식개자공중　　역불감소
譬如虛空이 於蟲所食芥子孔中에도 亦不減小며

님 몸이 헤아릴 수 없는 대천세계의 크기임을 보며, 혹은 부처님 몸이 말할 수 없는 대천세계의 크기임을 보며, 혹은 부처님 몸이 말할 수 없이 말할 수 없는 대천세계의 크기임을 본다.

　불자들이여, 보살이 이와 같이 모든 여래의 한량없는 색상과, 한량없는 형상과, 한량없는 나타내 보임과, 한량없는 광명과, 한량없는 광명 그물을 본다. 그 광명의 분량이 법계와 같아서 법계 안에서 비추지 않는 곳이 없으며, 널리 위없는 지혜를 내게 한다.

　또 부처님 몸이 물드는 일이 없고 장애가 없으며, 가장 미묘하고 청정함을 본다.

어무수세계중　　　　역부증광　　　　　기제불신
於無數世界中에도 亦不增廣인달하야 其諸佛身도

역부여시　　　견대지시　　　　역무소증　　　견소
亦復如是하야 見大之時에도 亦無所增이며 見小

지시　　　역무소감
之時에도 亦無所減이니라

불자　비여월륜　　염부제인　　　견기형소
佛子야 譬如月輪을 閻浮提人이 見其形小호대

이역불감　　　월중주자　　　견기형대　　　이역
而亦不減이며 月中住者가 見其形大호대 而亦

부증　　　　보살마하살　　　역부여시　　　주차
不增인달하야 菩薩摩訶薩도 亦復如是하야 住此

삼매　　수기심락　　　견제불신　　종종화상
三昧에 隨其心樂하야 見諸佛身의 種種化相하며

언사연법　　　수지불망　　　이여래신　　부증불
言辭演法을 受持不忘호대 而如來身은 不增不

불자들이여, 보살이 이와 같이 부처님 몸을 보되 여래의 몸은 늘지도 않고 줄지도 않는다.

비유하면 허공이 벌레가 먹은 겨자씨 구멍에서 또한 감소하지도 않고 수없는 세계에서 또한 늘어나지도 않듯이, 그 모든 부처님 몸도 또한 다시 이와 같아서 크게 볼 때에도 또한 늘어나는 바가 없고 작게 볼 때에도 또한 줄어드는 바가 없다.

불자들이여, 비유하면 둥근 달을 염부제 사람들이 그 형상을 작게 본다고 해서 또한 줄지도 않고 달 가운데 머무르는 자들이 그 형상을 크게 본다고 해서 또한 늘지도 않듯이, 보살마하

감
減이니라

불자 비여중생   명종지후장수생시   불리
佛子야 譬如衆生이 命終之後將受生時에 不離

어심   소견청정   보살마하살   역부여
於心의 所見清淨인달하야 菩薩摩訶薩도 亦復如

시   불리어차심심삼매   소견청정
是하야 不離於此甚深三昧의 所見清淨이니라

불자   보살마하살   주차삼매   성취십종속
佛子야 菩薩摩訶薩이 住此三昧에 成就十種速

질법
疾法하나니라

하자   위십
何者가 爲十고

살도 또한 다시 이와 같아서, 이 삼매에 머무르면 그 마음의 즐거함을 따라서 모든 부처님 몸이 갖가지로 변화하는 모양을 보며 법을 연설하는 말씀을 받아 지니어 잊지 아니하되 여래의 몸은 늘지도 않고 줄지도 않는다.

불자들이여, 비유하면 중생들이 목숨을 마친 뒤 장차 태어나려 할 때에 마음의 보는 바가 청정함을 여의지 아니하듯이, 보살마하살도 또한 다시 이와 같아서, 이 매우 깊은 삼매의 보는 바가 청정함을 여의지 아니한다.

불자들이여, 보살마하살이 이 삼매에 머물

소위속증제행　　　원만대원　　　속이법광
所謂速增諸行하야 **圓滿大願**하며 **速以法光**으로

조요세간　　　속이방편　　　전어법륜　　　도탈
照耀世間하며 **速以方便**으로 **轉於法輪**하야 **度脫**

중생　　　속수중생업　　　시현제불청정국토
衆生하며 **速隨衆生業**하야 **示現諸佛淸淨國土**하며

속이평등지　　취입십력
速以平等智로 **趣入十力**하나라

속여일체여래　　동주　　속이대자력　　　최
速與一切如來로 **同住**하며 **速以大慈力**으로 **摧**

파마군　　　속단중생의　　　영생환희　　　속수
破魔軍하며 **速斷衆生疑**하야 **令生歡喜**하며 **速隨**

승해　　　시현신변　　　속이종종묘법언사
勝解하야 **示現神變**하며 **速以種種妙法言辭**로

정제세간
淨諸世間이니라

러 열 가지 빠른 법을 성취한다.

무엇이 열인가?

이른바 빨리 모든 행을 더하여 큰 서원을 원만하게 하며, 빨리 법의 광명으로 세간을 밝게 비추며, 빨리 방편으로 법륜을 굴려 중생을 제도하여 해탈시키며, 빨리 중생의 업을 따라서 모든 부처님의 청정한 국토를 나타내 보이며, 빨리 평등한 지혜로 열 가지 힘에 나아간다.

빨리 일체 여래와 더불어 함께 머무르며, 빨리 대자의 힘으로 마군을 꺾어 깨뜨리며, 빨리 중생의 의심을 끊어 환희를 내게 하며, 빨리 수승한 지혜를 따라 신통 변화를 나타내

불자 차보살마하살 부득십종법인 인
佛子야 此菩薩摩訶薩이 復得十種法印하야 印

일체법
一切法하나니라

하등 위십
何等이 爲十고

일자 동거래금일체제불평등선근 이자
一者는 同去來今一切諸佛平等善根이요 二者는

동제여래득무변제지혜법신 삼자 동제
同諸如來得無邊際智慧法身이요 三者는 同諸

여래주불이법
如來住不二法이니라

사자 동제여래관찰삼세무량경계 개
四者는 同諸如來觀察三世無量境界가 皆

실평등 오자 동제여래득요달법계무
悉平等이요 五者는 同諸如來得了達法界無

보이며, 빨리 갖가지 묘한 법과 말로써 모든 세간을 청정하게 함이다.

불자들이여, 이 보살마하살이 다시 열 가지 법인을 얻어 일체 법을 인가한다.

어떤 것이 열인가?

하나는 과거 미래 현재의 일체 모든 부처님과 같이 선근이 평등함이고, 둘은 모든 여래와 같이 끝없는 지혜의 법신을 얻음이고, 셋은 모든 여래와 같이 둘이 아닌 법에 머무름이다.

넷은 모든 여래와 같이 삼세의 한량없는 경계가 모두 다 평등함을 관찰함이고, 다섯은

애경계
礙境界요 육자
六者는 동제여래성취십력
同諸如來成就十力하야 소 행
所行

무애
無礙요 칠자
七者는 동제여래영절이행
同諸如來永絶二行하야 주무쟁
住無諍

법
法이니라

팔자
八者는 동제여래교화중생
同諸如來敎化衆生하야 항부지식
恒不止息이요

구자
九者는 동제여래어지선교의선교중
同諸如來於智善巧義善巧中에 능선
能善

관찰
觀察이요 십자
十者는 동제여래여일체불
同諸如來與一切佛로 평등무
平等無

이
二니라

모든 여래와 같이 법계를 요달하여 걸림이 없는 경계를 얻음이고, 여섯은 모든 여래와 같이 열 가지 힘을 성취하여 행하는 바가 걸림이 없음이고, 일곱은 모든 여래와 같이 두 가지 행을 길이 끊어 다툼이 없는 법에 머무름이다.

여덟은 모든 여래와 같이 중생을 교화하되 항상 쉬지 아니함이고, 아홉은 모든 여래와 같이 지혜의 선교와 이치의 선교 가운데 능히 잘 관찰함이고, 열은 모든 여래와 같이 일체 부처님과 평등하여 둘이 없음이다.

불자들이여, 만일 보살마하살이 이 일체 세

불자　약보살마하살　성취차요지일체세
佛子야 若菩薩摩訶薩이 成就此了知一切世

계불장엄대삼매선교방편문　　시무사자
界佛莊嚴大三昧善巧方便門하면 是無師者니

불유타교　　자입일체불법고
不由他敎하고 自入一切佛法故니라

시장부자　　능개오일체중생고　　시청정자
是丈夫者니 能開悟一切衆生故며 是淸淨者니

지심성본정고　　시제일자　　능도탈일체세
知心性本淨故며 是第一者니 能度脫一切世

간고
間故니라

시안위자　　능개효일체중생고　　시안주자
是安慰者니 能開曉一切衆生故며 是安住者니

미주불종성자　　영득주고　　시진실지자　입
未住佛種性者로 令得住故며 是眞實知者니 入

계 부처님 장엄을 밝게 아는 큰 삼매의 선교방편문을 성취하면, 이는 스승이 없는 자이니 남의 가르침을 말미암지 않고 스스로 일체 부처님 법에 들어간 까닭이다.

　이는 대장부이니 능히 일체 중생을 깨우치는 까닭이며, 이는 청정한 자이니 마음의 성품이 본래 청정함을 아는 까닭이며, 이는 제일가는 자이니 능히 일체 세간을 제도하여 해탈케 하는 까닭이다.

　이는 편안하게 위로하는 자이니 일체 중생을 깨닫게 하는 까닭이며, 이는 편안히 머무르는 자이니 부처님 종성에 아직 머무르지 아니한

일체지문고
一切智門故니라

시무이상자　소언무이고　시주법장자　서
是無異想者니 所言無二故며 是住法藏者니 誓

원요지일체불법고　시능우법우자　수중
願了知一切佛法故며 是能雨法雨者니 隨衆

생심락　　실령충족고
生心樂하야 悉令充足故니라

불자　비여제석　어정계중　치마니보
佛子야 譬如帝釋이 於頂髻中에 置摩尼寶하면

이보력고　위광전성　　기석천왕　초획차
以寶力故로 威光轉盛이라 其釋天王이 初獲此

보　즉득십법　　출과일체삼십삼천
寶에 則得十法하야 出過一切三十三天하나니라

자를 머무르게 하는 까닭이며, 이는 진실하게 아는 자이니 일체 지혜의 문에 들어간 까닭이다.

이는 다른 생각이 없는 자이니 말하는 것이 둘이 없는 까닭이며, 이는 법장에 머무르는 자이니 일체 부처님 법을 밝게 알기를 서원하는 까닭이며, 이는 법비를 능히 내리는 자이니 중생들 마음의 즐거움을 따라 모두 충족케 하는 까닭이다.

불자들이여, 비유하면 제석천왕이 정수리 상투에 마니보배를 두면 보배의 힘인 까닭으로 위광이 더욱 왕성해짐이라, 그 제석천왕이 처

何等이 爲十고

一者는 色相이요 二者는 形體요 三者는 示現이요 四者는 眷屬이요 五者는 資具요 六者는 音聲이요 七者는 神通이요 八者는 自在요 九者는 慧解요 十者는 智用이라

如是十種이 悉過一切三十三天인달하니라

菩薩摩訶薩도 亦復如是하야 初始獲得此三昧

음 이 보배를 얻으면 열 가지 법을 얻어 일체 삼십삼천보다 뛰어나는 것과 같다.

어떤 것이 열인가?

하나는 색상이고, 둘은 형체이고, 셋은 나타내 보임이고, 넷은 권속이고, 다섯은 살림도구이고, 여섯은 음성이고, 일곱은 신통이고, 여덟은 자재함이고, 아홉은 지혜로 이해함이고, 열은 지혜의 작용이다.

이와 같은 열 가지가 모두 삼십삼천보다 뛰어나다.

보살마하살도 또한 다시 이와 같아서 처음

時에 則得十種廣大智藏하나니라

何等이 爲十고

一者는 照耀一切佛刹智요 二者는 知一切衆生受生智요 三者는 普作三世變化智요 四者는 普入一切佛身智요 五者는 通達一切佛法智니라

六者는 普攝一切淨法智요 七者는 普令一切衆生으로 入法身智요 八者는 現見一切法普

비로소 이 삼매를 얻을 때에 곧 열 가지 광대한 지혜장을 얻는다.

어떤 것이 열인가?

하나는 일체 부처님 세계를 밝게 비추는 지혜이고, 둘은 일체 중생의 태어남을 아는 지혜이고, 셋은 삼세의 변화를 널리 짓는 지혜이고, 넷은 일체 부처님 몸에 널리 들어가는 지혜이고, 다섯은 일체 부처님 법을 통달하는 지혜이다.

여섯은 일체 청정한 법을 널리 포섭하는 지혜이고, 일곱은 널리 일체 중생으로 하여금 법신에 들어가게 하는 지혜이고, 여덟은 일체

眼淸淨智ᄋᆞ요 九者ᄂᆞᆫ 一切自在ᄒᆞ야 到於彼岸

智ᄋᆞ요 十者ᄂᆞᆫ 安住一切廣大法ᄒᆞ야 普盡無餘

智ㄴᅵ라

佛子야 菩薩摩訶薩이 住此三昧ᅌᅦ 復得十種最

淸淨威德身ᄒᆞ나니라

何等이 爲十고

一者ᄂᆞᆫ 爲照耀不可說不可說世界故로 放不

법을 환하게 보는 보안이 청정한 지혜이고, 아홉은 일체에 자재하여 피안에 이르는 지혜이고, 열은 일체 광대한 법에 편안히 머물러 널리 다하고 남음이 없는 지혜이다.

불자들이여, 보살마하살이 이 삼매에 머물러 다시 열 가지 가장 청정한 위덕의 몸을 얻는다. 어떤 것이 열인가?

하나는 말할 수 없이 말할 수 없는 세계를 밝게 비추기 위한 까닭으로 말할 수 없이 말할 수 없는 광명바퀴를 놓음이다.

둘은 세계를 다 청정케 하기 위한 까닭으로

가설불가설광명륜
可說不可說光明輪이요

이자　위령세계　함청정고　방불가설불가
二者는 爲令世界로 咸淸淨故로 放不可說不可

설무량색상광명륜
說無量色相光明輪이요

삼자　위조복중생고　　방불가설불가설광
三者는 爲調伏衆生故로 放不可說不可說光

명륜
明輪이요

사자　위친근일체제불고　화작불가설불
四者는 爲親近一切諸佛故로 化作不可說不

가설신
可說身이요

오자　위승사공양일체제불고　　우불가설
五者는 爲承事供養一切諸佛故로 雨不可說

말할 수 없이 말할 수 없는 한량없는 색상의 광명바퀴를 놓음이다.

셋은 중생들을 조복하기 위한 까닭으로 말할 수 없이 말할 수 없는 광명바퀴를 놓음이다.

넷은 일체 모든 부처님을 친근하기 위한 까닭으로 말할 수 없이 말할 수 없는 몸을 변하여 지음이다.

다섯은 일체 모든 부처님을 받들어 섬기고 공양올리기 위한 까닭으로 말할 수 없이 말할 수 없는 갖가지 수승하고 묘한 향과 꽃구름을 비내림이다.

여섯은 일체 부처님을 받들어 섬기고 공양올

불가설종종수묘향화운
不可說種種殊妙香華雲이요

육자   위승사공양일체불   급조복일체중
六者는 **爲承事供養一切佛**하며 **及調伏一切衆**

생고   어일일모공중   화작불가설불가설
生故로 **於一一毛孔中**에 **化作不可說不可說**

종종음악
種種音樂이요

칠자   위성숙중생고   현불가설불가설종
七者는 **爲成熟衆生故**로 **現不可說不可說種**

종무량자재신변
種無量自在神變이요

팔자   위어시방종종명호일체불소   청문
八者는 **爲於十方種種名号一切佛所**에 **請問**

법고   일보초과불가설불가설세계
法故로 **一步超過不可說不可說世界**요

리며 그리고 일체 중생을 조복하기 위한 까닭으로 낱낱 모공 속에서 말할 수 없이 말할 수 없는 갖가지 음악을 변화하여 지음이다.

일곱은 중생을 성숙케 하기 위한 까닭으로 말할 수 없이 말할 수 없는 갖가지 한량이 없이 자재한 신통 변화를 나타냄이다.

여덟은 시방의 갖가지 명호의 일체 부처님 처소에서 법을 청하여 묻기 위한 까닭으로 한 걸음에 말할 수 없이 말할 수 없는 세계를 뛰어 넘음이다.

아홉은 일체 중생의 보고 듣는 자들로 하여금 모두 헛되지 않게 하기 위한 까닭으로 말

구자　위령일체중생견문지자　개불공고
九者는 **爲令一切衆生見聞之者**로 **皆不空故**로

현불가설불가설종종무량청정색상신무능
現不可說不可說種種無量淸淨色相身無能

견정
見頂이요

십자　위여중생　　개시무량비밀법고　발
十者는 **爲與衆生**으로 **開示無量祕密法故**로 **發**

불가설불가설음성어언
不可說不可說音聲語言이니라

불자　보살마하살　득차십종최청정위덕
佛子야 **菩薩摩訶薩**이 **得此十種最淸淨威德**

신이　능령중생　　득십종원만
身已에 **能令衆生**으로 **得十種圓滿**하나니라

할 수 없이 말할 수 없는 갖가지 한량없는 청정한 색상의, 정수리를 볼 수 없는 몸을 나타냄이다.

열은 중생들에게 한량없는 비밀한 법을 열어 보여 주기 위한 까닭으로 말할 수 없이 말할 수 없는 음성과 말을 내는 것이다.

불자들이여, 보살마하살이 이 열 가지 가장 청정한 위덕의 몸을 얻고는 능히 중생들로 하여금 열 가지 원만함을 얻게 한다.

어떤 것이 열인가?

하나는 능히 중생들로 하여금 부처님을 친견

하등 위십
何等이 爲十고

일자 능령중생 득견어불 이자 능
一者는 能令衆生으로 得見於佛이요 二者는 能

령중생 심신어불 삼자 능령중생
令衆生으로 深信於佛이요 三者는 能令衆生으로

청문어법 사자 능령중생 지유불세
聽聞於法이요 四者는 能令衆生으로 知有佛世

계 오자 능령중생 견불신변
界요 五者는 能令衆生으로 見佛神變이요

육자 능령중생 염소집업 칠자 능
六者는 能令衆生으로 念所集業이요 七者는 能

령중생 정심원만 팔자 능령중생
令衆生으로 定心圓滿이요 八者는 能令衆生으로

입불청정 구자 능령중생 발보리심
入佛淸淨이요 九者는 能令衆生으로 發菩提心이요

하게 함이고, 둘은 능히 중생들로 하여금 부처님을 깊이 믿게 함이고, 셋은 능히 중생들로 하여금 법을 듣게 함이고, 넷은 능히 중생들로 하여금 부처님 세계가 있음을 알게 함이고, 다섯은 능히 중생들로 하여금 부처님의 신통 변화를 보게 함이다.

여섯은 능히 중생들로 하여금 모은 바 업을 생각하게 함이고, 일곱은 능히 중생들로 하여금 선정의 마음이 원만하게 함이고, 여덟은 능히 중생들로 하여금 부처님의 청정함에 들게 함이고, 아홉은 중생들로 하여금 보리심을 내게 함이고, 열은 능히 중생들로 하여금 부처님

십자 능령중생 원만불지
十者는 **能令衆生**으로 **圓滿佛智**니라

불자 보살마하살 영중생 득십종원만
佛子야 **菩薩摩訶薩**이 **令衆生**으로 **得十種圓滿**

이 부위중생 작십종불사
已에 **復爲衆生**하야 **作十種佛事**하나니라

하등 위십
何等이 **爲十**고

소위이음성 작불사 위성숙중생고 이
所謂以音聲으로 **作佛事**니 **爲成熟衆生故**며 **以**

색형 작불사 위조복중생고
色形으로 **作佛事**니 **爲調伏衆生故**니라

이억념 작불사 위청정중생고 이진동
以憶念으로 **作佛事**니 **爲淸淨衆生故**며 **以震動**

의 지혜를 원만하게 함이다.

 불자들이여, 보살마하살이 중생들로 하여금 열 가지 원만함을 얻게 하고는 다시 중생들을 위하여 열 가지 불사를 한다.
 어떤 것이 열인가?
 이른바 음성으로 불사를 하니 중생들을 성숙케 하기 위한 까닭이며, 형색으로 불사를 하니 중생들을 조복하기 위한 까닭이다.
 기억함으로 불사를 하니 중생들을 청정케 하기 위한 까닭이며, 세계를 진동함으로 불사를 하니 중생들로 하여금 나쁜 갈래에서 떠나게

세계　　작불사　위령중생　　이악취고
世界로 作佛事니 爲令衆生으로 離惡趣故니라

이방편각오　 작불사　위령중생　　 불실념
以方便覺悟로 作佛事니 爲令衆生으로 不失念

고　이몽중현상　　 작불사　위령중생
故며 以夢中現相으로 作佛事니 爲令衆生으로

항정념고
恒正念故니라

이방대광명　　 작불사　위보섭취제중생고
以放大光明으로 作佛事니 爲普攝取諸衆生故며

이수보살행　　 작불사　위령중생　 주승
以修菩薩行으로 作佛事니 爲令衆生으로 住勝

원고
願故니라

이성정등각　　 작불사　위령중생　　지환
以成正等覺으로 作佛事니 爲令衆生으로 知幻

하기 위한 까닭이다.

 방편과 깨달음으로 불사를 하니 중생들로 하여금 생각을 잃어버리지 않게 하기 위한 까닭이며, 꿈에 모습을 나타냄으로 불사를 하니 중생들로 하여금 항상 바르게 생각하게 하기 위한 까닭이다.

 큰 광명을 놓음으로 불사를 하니 모든 중생들을 널리 거두어 주기 위한 까닭이며, 보살행을 닦음으로 불사를 하니 중생들로 하여금 수승한 서원에 머무르게 하기 위한 까닭이다.

 정등각을 이룸으로 불사를 하니 중생들로 하여금 환법을 알게 하기 위한 까닭이며, 미묘

법고　　이전묘법륜　　　작불사　위중설법
法故며 以轉妙法輪으로 作佛事니 爲衆說法에

불실시고
不失時故니라

이현주수명　　　　작불사　위조복일체중생고
以現住壽命으로 作佛事니 爲調伏一切衆生故며

이시반열반　　　작불사　지제중생　　기피염
以示般涅槃으로 作佛事니 知諸衆生의 起疲厭

고
故니라

불자　시위보살마하살　　　제칠요지일체세
佛子야 是爲菩薩摩訶薩의 第七了知一切世

계불장엄대삼매선교지
界佛莊嚴大三昧善巧智니라

〈大方廣佛華嚴經 卷第四十一〉

한 법륜을 굴림으로 불사를 하니 대중들에게 법을 설함에 때를 잃지 않기 위한 까닭이다.

현재 수명에 머무름으로 불사를 하니 일체 중생을 조복하기 위한 까닭이며, 열반에 듦을 보임으로 불사를 하니 모든 중생들이 피로해 하거나 싫어함을 아는 까닭이다.

불자들이여, 이것이 보살마하살의 일곱째 '일체 세계 부처님 장엄을 밝게 아는 큰 삼매의 선교 지혜'이다."

〈대방광불화엄경 제41권〉

大方廣佛華嚴經
부록

・

대방광불화엄경 목차

・

간행사

대방광불화엄경
목차

〈제1회〉

제1권	제1품	세주묘엄품 [1]
제2권	제1품	세주묘엄품 [2]
제3권	제1품	세주묘엄품 [3]
제4권	제1품	세주묘엄품 [4]
제5권	제1품	세주묘엄품 [5]
제6권	제2품	여래현상품
제7권	제3품	보현삼매품
	제4품	세계성취품
제8권	제5품	화장세계품 [1]
제9권	제5품	화장세계품 [2]
제10권	제5품	화장세계품 [3]
제11권	제6품	비로자나품

〈제2회〉

제12권	제7품	여래명호품
	제8품	사성제품
제13권	제9품	광명각품
	제10품	보살문명품
제14권	제11품	정행품
	제12품	현수품 [1]
제15권	제12품	현수품 [2]

〈제3회〉

제16권	제13품	승수미산정품
	제14품	수미정상게찬품
	제15품	십주품
제17권	제16품	범행품
	제17품	초발심공덕품
제18권	제18품	명법품

〈제4회〉

제19권　제19품　승야마천궁품

　　　　　제20품　야마궁중게찬품

　　　　　제21품　십행품 [1]

제20권　제21품　십행품 [2]

제21권　제22품　십무진장품

〈제5회〉

제22권　제23품　승도솔천궁품

제23권　제24품　도솔궁중게찬품

　　　　　제25품　십회향품 [1]

제24권　제25품　십회향품 [2]

제25권　제25품　십회향품 [3]

제26권　제25품　십회향품 [4]

제27권　제25품　십회향품 [5]

제28권　제25품　십회향품 [6]

제29권　제25품　십회향품 [7]

제30권　제25품　십회향품 [8]

제31권　제25품　십회향품 [9]

제32권　제25품　십회향품 [10]

제33권　제25품　십회향품 [11]

〈제6회〉

제34권　제26품　십지품 [1]

제35권　제26품　십지품 [2]

제36권　제26품　십지품 [3]

제37권　제26품　십지품 [4]

제38권　제26품　십지품 [5]

제39권　제26품　십지품 [6]

〈제7회〉

제40권　제27품　십정품 [1]

제41권　**제27품**　**십정품 [2]**

제42권　제27품　십정품 [3]

제43권　제27품　십정품 [4]

제44권　제28품　십통품

　　　　　제29품　십인품

제45권　제30품　아승지품

　　　　　제31품　수량품

　　　　　제32품　제보살주처품

제46권　제33품　불부사의법품 [1]

제47권　제33품　불부사의법품 [2]

제48권 제34품 여래십신상해품
     제35품 여래수호광명공덕품
제49권 제36품 보현행품
제50권 제37품 여래출현품 [1]
제51권 제37품 여래출현품 [2]
제52권 제37품 여래출현품 [3]

〈제8회〉

제53권 제38품 이세간품 [1]
제54권 제38품 이세간품 [2]
제55권 제38품 이세간품 [3]
제56권 제38품 이세간품 [4]
제57권 제38품 이세간품 [5]
제58권 제38품 이세간품 [6]
제59권 제38품 이세간품 [7]

〈제9회〉

제60권 제39품 입법계품 [1]
제61권 제39품 입법계품 [2]
제62권 제39품 입법계품 [3]
제63권 제39품 입법계품 [4]
제64권 제39품 입법계품 [5]
제65권 제39품 입법계품 [6]
제66권 제39품 입법계품 [7]
제67권 제39품 입법계품 [8]
제68권 제39품 입법계품 [9]
제69권 제39품 입법계품 [10]
제70권 제39품 입법계품 [11]
제71권 제39품 입법계품 [12]
제72권 제39품 입법계품 [13]
제73권 제39품 입법계품 [14]
제74권 제39품 입법계품 [15]
제75권 제39품 입법계품 [16]
제76권 제39품 입법계품 [17]
제77권 제39품 입법계품 [18]
제78권 제39품 입법계품 [19]
제79권 제39품 입법계품 [20]
제80권 제39품 입법계품 [21]

간 행 사

  귀의삼보 하옵고,

  『대방광불화엄경』의 수지 독송과 유통을 발원하면서 수미정사 불전연구원에서 『독송본 한문·한글역 대방광불화엄경』과 『사경본 한글역 대방광불화엄경』을 편찬하여 간행하게 되었습니다.

  『화엄경』은 우리나라에 전래된 이래 일찍부터 사경되고 주석·강설되어 왔으며 근현대에 이르러서는 『화엄경』의 한글 번역과 연구도 부쩍 많이 이루어졌습니다. 그만큼 『화엄경』이 우리 불자님들의 신행과 해탈에 큰 의지처가 되었던 것임을 알 수 있습니다.

  『화엄경』을 독송하고 사경하는 공덕은 설법 공덕과 함께 크게 강조되어 왔습니다. 그리하여 수미정사 불전연구원에서도 『화엄경』(80권)을 독송하고 사경하는 데 도움이 되도록 한문 원문과 한글역을 함께 수록한 독송본과 한글역의 사경본 『화엄경』 간행불사를 발원하였습니다. 이 『화엄경』 간행불사에 뜻을 같이하여 적극 후원해주신 스님들과 재가 불자님들께 깊이 감사드립니다. 또한 『화엄경』을 수지 독송할 수 있도록 경책의 모습으로 장엄해 주신 편집위원들과 담앤북스 출판사 관계자들께도 고마움을 표합니다.

  끝으로 이 불사의 원만 회향으로 『화엄경』이 널리 유통되고, 온 법계에 부처님의 가피가 충만하시길 기원드립니다.

  나무 대방광불화엄경

불기 2564년 '부처님오신날'을 봉축하며
수미해주 합장

위태천신(동진보살)

수미해주 須彌海住

호거산 운문사에서 성관 스님을 은사로 출가, 석암 대화상을 계사로 사미니계 수계, 월하 전계사를 계사로 비구니계 수계, 계룡산 동학사 전문강원 졸업, 동국대학교 불교대학 및 동 대학원 졸업, 철학박사, 가산지관 대종사에게서 전강, 동국대학교 불교대학 교수, 동학승가대학 학장 및 화엄학림 학림장, 중앙승가대학교 법인이사 역임.
(현) 수미정사 주지, 동국대학교 명예교수.
저·역서로 『의상화엄사상사연구』, 『화엄의 세계』, 『정선 원효』, 『정선 화엄 1』, 『정선 지눌』, 『법계도기총수록』, 『해주스님의 법성게 강설』 등 다수.

독송본 한문·한글역
대방광불화엄경 제41권

| 초판 1쇄 발행_ 2024년 2월 24일

| 엮은이_ 수미해주
| 엮은곳_ 수미정사 불전연구원
| 편집위원_ 해주 수정 경진 선초 정천 석도 박보람 최원섭
| 편집보_ 무이 무진 지욱 혜명

| 펴낸이_ 오세룡
| 펴낸곳_ 담앤북스
　　　　서울특별시 종로구 새문안로3길 23 경희궁의 아침 4단지 805호
　　　　대표전화 02)765-1251　전자우편 dhamenbooks@naver.com
　　　　출판등록 제300-2011-115호
| ISBN_ 979-11-6201-826-2 04220

이 책은 저작권 법에 따라 보호받는 저작물이므로 무단전재와 복제를 금합니다.
이 책 내용의 전부 또는 일부를 이용하려면 반드시 저작권자와 담앤북스의 서면 동의를 받아야 합니다.

정가 15,000원
ⓒ 수미해주 2024